Eckart Pott

Unsere Singvögel

KOSMOS

Auf einen Blick

Unsere Singvögel

Wer an „Vögel“ denkt, hat wohl in den meisten Fällen einen Sperling, einen Buchfinken oder eine Amsel vor Augen. Alle drei sind Singvögel, gehören also zu einer Vogelordnung, die zwar überwiegend nicht sehr große, aber akustisch auffällige Vögel umfasst. Zu dieser Gruppe gehören auch die meisten Arten, denen wir in unserer nächsten Umgebung – im Garten, im Park, im Wald – begegnen. Eine Auswahl der mitteleuropäischen Singvögel wird hier vorgestellt.

Erstes Kennenlernen

In diesem kleinen Naturführer lernen Sie unsere wichtigsten Singvögel mit ihren auffälligen Merkmalen kennen. Deshalb werden nicht sämtliche im Gebiet vorkommenden Singvogelarten aufgeführt, vielmehr wurde eine Auswahl getroffen, die diejenigen Arten umfasst, die man einigermaßen regelmäßig in Gärten und Parks, im Wald und in der offenen Landschaft beobachten kann. Wer sich mit den nur recht selten vorkommenden oder schwer zu beobachtenden Singvogelarten beschäftigen möchte, sei auf einen Vogelführer verwiesen, der die gesamte europäische Vogelwelt umfasst.

Im Bestimmungsteil wird den einzelnen Vogelarten jeweils eine Doppelseite eingeräumt. Die Fotos wurden sorgfältig ausgewählt. Es wurde darauf geachtet, dass die abgebildeten Vögel so gezeigt werden, wie sie der Beobachter draußen auch wirklich sehen kann. In den meisten Fällen werden Männchen im Brutkleid gezeigt; Weibchen und Jungvögel werden im Text beschrieben.

Anhand der Silhouette in der Kopfleiste wird gezeigt, wie die betreffende Vogelart gebaut ist. Die Zeichnung mag helfen, den Vogel zu bestimmen, wenn man keine Einzelheiten der Gefiederfärbung erkennen kann. So etwas kommt draußen öfter vor, wenn die Beleuchtung schlecht ist, oder wenn man den Vogel nur im Gegenlicht beobachten kann. Darunter bekommt der Vogelfreund drei kurze Angaben zu der betreffenden Art: zur ungefähren Größe (im Vergleich mit einer bekannten Art, s. u.), zur exakten Größe und zum jahreszeitlichen Auftreten.

Unter **Größe** ist hier die Länge von der Schnabelspitze bis zur Schwanzspitze zu verstehen. Dabei wurden drei Größenklassen gebildet, für die als Maßstab Kennarten stehen. Die Farben bedeuten:

Vögel bis etwa Sperlingsgröße

Vögel bis etwa Amselgröße

Vögel über Amselgröße

(Folgende Zeichen werden verwendet: < kleiner als, > größer als, ~ so groß wie.)

Die Benutzung der Größe als Bestimmungsmerkmal eines Vogels stellt einen Kompromiss dar. So ist der Haussperling als Kennart knapp 15 cm lang, die Goldammer aber 16,5 cm. Dennoch wurde die Goldammer in die erste Größenklasse eingeordnet, weil wohl jeder, der den Vogel draußen sieht, sagen wird, die Ammer sei so groß wie ein Sperling. Die Misteldrossel ist mit knapp 27 cm etwas länger als die Amsel mit 25,5 cm. Auch hier wurden beide Vögel in dieselbe Größenklasse gestellt. Zudem ergibt sich der Vorteil, dass alle Drosseln im Zusammenhang betrachtet werden können. Die Größenklassen sind also nicht ganz streng, sondern im Sinne einer sinnvollen ersten Klassifizierung zu verstehen, die dem Anfänger helfen kann, Ordnung in die Formenfülle zu bringen. Die Einordnung der Arten in die Farbbalken entspricht daher den Größenklassen, nicht der Systematik. Erst innerhalb der Größenklassen wurde dann nach biologisch-systematischen Gesichtspunkten gegliedert.

Die Texte zu den einzelnen Vogelarten enthalten die wesentlichen Informationen, die man benötigt, um draußen beobachtete Vögel bestimmen zu können. Darüber hinaus wird Wissenswertes zur Biologie jeder Art mitgeteilt, so dass man sie ein wenig näher kennen lernt.
Am Kopf jedes Textes findet man den (oder die) gängigen deutschen Namen, daneben den wissenschaftlichen Namen und die Angabe der Familie, in die der beschriebene Vogel einzuordnen ist.

Unter **Merkmale** werden die wesentlichen Bestimmungsmerkmale genannt und auf das ggf. unterschiedliche Aussehen von Männchen, Weibchen und Jungvögeln hingewiesen. In einigen Fällen werden auch typische Verhaltensweisen beschrieben.

Unter **Stimme** werden charakteristische Rufe geschildert und möglichst in Buchstabenform wiedergegeben. Ebenso wird der Gesang beschrieben. Wo es sinnvoll ist, erfolgt ein Hinweis, wo und wie er vorgetragen wird.

Unter **Vorkommen** wird auf den Lebensraum des Vogels eingegangen. Darin steckt die Information, wo man nach dem betreffenden Vogel suchen kann. Anhand der Angaben kann man aber auch prüfen, ob eine erfolgte Bestimmung überhaupt richtig sein kann.

Ob der betreffende Vogel bei uns das ganze Jahr über bleibt, teilweise oder ganz zum Winter hin wegzieht und zur Brutzeit wieder zurückkehrt, oder ob er nur im Winter vorkommt, wird üblicherweise durch folgende Begriffe charakterisiert:

Jahresvogel (das ganze Jahr über bei uns),
Teilzieher (ein Teil der Population zieht ab, ein anderer Teil überwintert bei uns),
Sommervogel (nur im Sommer bei uns, die gesamte Population zieht ab; oft folgt die Angabe, von wann bis wann sich die Art in Mitteleuropa aufhält),
Wintergast (nur im Winter bei uns, überwiegend Zuzügler aus dem Norden).

Im Buch wurden nur zwei Kategorien erwähnt. Entweder ist die Art „ganzjährig" in Mitteleuropa zu beobachten (Jahresvogel) oder nur während bestimmter Monate (z.B. „April–Oktober", Sommervogel). Anhand dieser Angaben kann eine Bestimmung überprüft werden, denn das jahreszeitliche Auftreten ist in Grenzen typisch für die meisten Arten.

Unter **Wissenswertes** wird beispielsweise aufgezeigt, was die Vögel fressen, und wo sie ihre Nahrung suchen. Ergänzt werden Angaben zur Brutbiologie der betreffenden Art. Es wird gesagt, wo und wie das Nest angelegt wird, wie viele Eier ein durchschnittliches Gelege enthält, und ob der Vogel nur eine oder mehrere Bruten im Jahr aufzieht.

Im abschließenden Teil dieses Naturführers werden dem Vogelfreund die ersten Schritte zum Beobachten von Vögeln erklärt. Es wird gezeigt, wie man Vogelarten bestimmt. Schließlich bekommt der Vogelfreund Informationen über die unterschiedlichen Lautäußerungen der Vögel, und wie er die Stimmen kennen lernen kann.

Feldlerche

Alauda arvensis

L 18–19 CM
> SPERLING
GANZJÄHRIG

Lerchen

MERKMALE

Unscheinbar bodenfarbig, am Kopf und auf der Brust dunkel gefleckt. Geschlechter gleich gefärbt. Stellt die Federn auf dem Kopf oft zu einer kleinen Haube auf.

STIMME

Trillernder Gesang recht auffällig. Dabei sieht man die Lerche singend aufsteigen. Nach dem Aufstieg rüttelt sie eine Zeit lang singend in der Luft, um dann langsam herabzuflattern. Der Gesang bricht erst kurz vor der Landung ab.

VORKOMMEN

Ackerland, aber auch Wiesengelände und Brachland. Neben der Feldlerche kommt in Mitteleuropa noch die Heidelerche *(Lullula arborea)* vor. Diese Art ist in Heidegebieten, an Waldrändern, auf Brachland mit einzelnen Bäumen und auf Bergwiesen anzutreffen.

WISSENSWERTES

Nistet in einer Vertiefung am Boden. 3–5 Eier, die auf weißlichem Grund mit braunen Flecken übersät sind; Flecken oft am stumpfen Pol gehäuft. 2 Bruten im Jahr; Gelege ab April.

Mehlschwalbe *Delichon urbica*

L 12,5 CM
< SPERLING
APRIL–OKTOBER

Schwalben

MERKMALE
Oberseite metallisch blauschwarz, weiße Kehle, durchgehend weiße Unterseite und auffälliger, weißer Bürzel. Schwanz nur schwach gegabelt, Schwanzspieße fehlen. Flug flatternd und mit vielen Gleitphasen. Gesellig.

STIMME
Ruft „prrt" oder „dschrrb". Gesang unauffällig, zwitschernd.

VORKOMMEN
In Dörfern und Städten, aber zunehmend selten. Nistet auch in Steinbrüchen und an Steilküsten. Sommervogel.

WISSENSWERTES
Frisst Insekten, die im Flug erbeutet werden. Die Nester werden an die Außenwände von Gebäuden unter Dachrinnen und -vorsprünge geklebt. Sie sind bis auf ein halbrundes Einflugloch geschlossene Halbkugeln und werden aus Lehm und Pflanzenfasern gebaut und innen weich ausgepolstert. Meist brüten Mehlschwalben in Gruppen oder kolonieartig. 3–5 weiße, fein gepunktete Eier. 2–3 Bruten ab Ende Mai.

Rauchschwalbe *Hirundo rustica*

L 17–19 CM
> SPERLING
APRIL–OKTOBER

Schwalben

MERKMALE
Dunkelblaue Oberseite, metallisch glänzend. Unterseite rahmfarben. Stirn und Kehle rostbraun, blaues Kropfband. Auffallend lange Schwanzspieße. Sitzt gerne singend auf Leitungsdrähten.

STIMME
Helles „witt-witt"; bei Gefahr durchdringend „tswitt", das auch gereiht wird. Der Gesang ist ein nicht sehr lautes, plauderndes Gezwitscher, in das harte schnurrende Laute eingebaut sind.

VORKOMMEN
Weniger in Städten, eher in Dörfern und auf einzeln stehenden Bauernhöfen. Nahrungssuche auch außerhalb der Siedlungen über Feldwegen, Wiesen und Gewässern. Sommervogel.

WISSENSWERTES
Frisst fast ausschließlich Insekten, die im Flug erbeutet werden. Nest aus Schlamm und Pflanzenteilen stets im Inneren von Gebäuden, oft auf Simsen oder Deckenbalken. 4–5 weiße Eier mit feiner rötlicher Fleckung. 2–3 Bruten; Gelege ab Mitte Mai.

Baumpieper

Anthus trivialis

L 15 CM
~ SPERLING
APRIL–SEPTEMBER

MERKMALE

Unscheinbarer Vogel mit brauner, dunkel gestreifter Oberseite und rahmfarbener Unterseite mit kräftigen Fleckenstreifen auf der Brust. Heller Überaugenstreif, weiße Schwanzkanten.

STIMME

Ruf „psih", bei Erregung wiederholte „sib"-Rufe. Der Gesang setzt sich aus langen Trillern zusammen, die in einem charakteristischen „zia-zia-zia" enden. Wird entweder von einer erhöhten Singwarte, etwa einem Baumwipfel, aus vorgetragen oder aber im Singflug.

VORKOMMEN

Einziger europäischer Pieper, der regelmäßig im Wald (lichte Bestände, Lichtungen, Kahlschläge) anzutreffen ist. Auch auf Heideflächen. Sommervogel.

WISSENSWERTES

Frisst Insekten, Spinnen und andere Kleintiere. Nest aus trockenen Halmen, Blättchen und Moos, gut versteckt am Boden, unter Farn oder in hohem Gras. 3–6, dicht bräunlich gefleckte Eier. 2, ausnahmsweise auch 3 Bruten; Gelege ab Mai.

Bachstelze

Motacilla alba

L 18 CM
> SPERLING
GANZJÄHRIG

Pieper und Stelzen

MERKMALE

Schwarz-weiß-grau gefärbter Vogel mit feinem Schnabel und auffällig langem Schwanz. Oberseite grau, weiße Schwanzkanten. Kopfplatte, Kehle und Brust schwarz, Bauch weiß. Läuft trippelnd rasch umher und wippt dabei mit dem Schwanz (volkstümlicher Name „Wipsteert"!). Flug ausgeprägt wellenförmig.

STIMME

Kräftige „psitt"- oder „zilipp"-Rufe; bei Erregung auch scharf „zisiss". Gesang aus abgewandelten Rufen, zu einem leisen Zwitschern zusammengesetzt.

VORKOMMEN

In kleinen Ortschaften, aber auch im offenen Gelände, bisweilen in der Nähe von Gewässern.

WISSENSWERTES

Frisst überwiegend Insekten und Spinnen, die im Laufen oder kurzen Auffliegen erbeutet werden. Nest auf Balken, in Mauerlöchern, auch in Holzstößen und an ähnlich ungewöhnlichen Stellen. 5–6 Eier, hellgrau, dicht dunkel gefleckt. 2 Bruten; Gelege ab Mitte April.

Heckenbraunelle *Prunella modularis*

L 14,5 CM
~ SPERLING
GANZJÄHRIG

Braunellen

MERKMALE
Oberseite dunkelbraun mit schwarzer Längsstreifung, Unterseite schiefergrau. Kopf und Hals ebenfalls schiefergrau (volkstümlicher Name „Bleikehlchen"!). Dünner Schnabel.

STIMME
Hohe, pfeifende „zieht"-Rufe und ein feines rasch aufeinander folgendes „di-di-di". Gesang recht leise, fließende auf- und absteigende Reihe von Tönen. Singt oft schon im ausgehenden Winter.

VORKOMMEN
Gärten, Friedhöfe, Hecken, Parks und junge Baumbestände in Wäldern. Vom Tiefland bis in Berglagen.

WISSENSWERTES
Frisst Insekten und deren Larven, Spinnen und Würmer, im Winter auch Sämereien (an Winterfütterungen). Sucht ihre Nahrung fast immer am Boden. Napfförmiges Nest in niedrigen Bäumen und Büschen. 4–5 einheitlich blaue oder türkisfarbene Eier. 2 Bruten; Beginn der Eiablage Mitte April.

7

Nachtigall

Luscinia megarhynchos

L 16,5 CM
> SPERLING
APRIL–SEPTEMBER

Fliegenschnäpper

MERKMALE

Oberseite einfarbig braun, Unterseite heller, graubraun. Schwanz rotbraun, wird oft gestelzt.

STIMME

Ruft weich „huit“, bei Erregung auch rau „karr“. Der Gesang beginnt mit einer ansteigenden Folge von „dü, dü, dü“-Tönen, lauter und schneller werdend und in schluchzendem Schmettern endend. Singt meist aus dem Gebüsch heraus, zu allen Tageszeiten.

VORKOMMEN

Größere, verwilderte Gärten, Friedhöfe, Parks mit feuchten Dickichten, Laub- und Mischwälder mit reichem Unterwuchs. Überwiegend im Tiefland. Sommervogel.

WISSENSWERTES

Sucht Nahrung am Boden. Frisst Insekten und deren Larven, Spinnen, Schnecken, Würmer und andere Kleintiere; auch Beeren. Nest am Boden, versteckt in dichtem, kriechendem Gesträuch, in Brennesselbeständen und ähnlich dichter Vegetation. 4–6 olivbraune Eier, eine Brut, Gelege ab Anfang Mai.

Rotkehlchen

Erithacus rubecula

L 14 CM
~ SPERLING
GANZJÄHRIG

Fliegenschnäpper

MERKMALE
Oberseite einfarbig olivbraun, Unterseite graubraun. Brust, Kopfseiten und Stirn satt orange gefärbt, bläulich begrenzt. Häufig mit Schwanz und Flügeln zuckend. Oft am Boden.

STIMME
Rufe ein scharfes „zick“, gereiht, daneben dünn „zieh“. Der schwermütig wirkende Gesang beginnt mit hohen, scharfen Tönen und endet mit flötenden und perlenden, abfallenden Passagen; wird fast immer von exponierten Singwarten aus vorgetragen.

VORKOMMEN
Größere Gärten, Parks, Laub-, Misch- und Nadelwälder mit Unterwuchs. Viele Rotkehlchen bleiben den Winter über bei uns.

WISSENSWERTES
Frisst Insekten, Würmer, Schnecken und andere Kleintiere; auch Beeren und Früchte. Nistet zwischen Baumwurzeln und in anderen Höhlungen. 5–7 helle Eier mit variabler dunkler Fleckung. 2 Bruten; Gelege ab Ende April/Anfang Mai.

9

Hausrotschwanz *Phoenicurus ochruros*

L 14,5 CM
~ SPERLING
MÄRZ–OKTOBER

Fliegenschnäpper

MERKMALE

Männchen mit grauschwarzer Oberseite; Brust schwärzlich, Stirn hellgrau. Weibchen fast einheitlich düster graubraun. Rostroter Bürzel und häufig zitternder rostroter Schwanz. Aufrechte Sitzhaltung, Knicksen.

STIMME

Ruft kurz „tsip“, auch hart „hid-tekk-tekk“ oder allein „tekk“. Gesang recht einfach, eine Strophe mit 4–5 gleich hohen Tönen, der eine Strophe mit gepressten, kratzenden Zischlauten folgt. Von Hausgiebeln oder Antennen aus vorgetragen; oft in der frühen Morgendämmerung beginnend.

VORKOMMEN

Ursprünglich reiner Felsbrüter (Steinbrüche, Klippen und felsige Hänge), heute auch in Dörfern und Städten um die Häuser herum.

WISSENSWERTES

Frisst Insekten und Spinnen, auch Beeren. Nistet in Felslöchern, Höhlungen von Mauern, unter Dachvorsprüngen, auf Balken oder auch in Nistkästen. 4–6 weißliche Eier. 2 Bruten, ab April.

Gartenrotschwanz *Phoenicurus phoenicurus*

Fliegenschnäpper

L 14 CM
~ SPERLING
APRIL–OKTOBER

MERKMALE

Männchen mit graublauer Ober- und rostorangefarbener Unterseite. Weiße Stirn, schwarze Kopfseiten, schwarze Kehle; Bürzel und Schwanz rostrot. Weibchen unscheinbar; Rücken graubraun, Unterseite gelblichbraun, Kopfzeichnung fehlt. Aufrechte Sitzhaltung, Knicksen, häufig zitternde Bewegungen des Schwanzes.

STIMME

Ruft „fuid" oder „fuid-tekk-tekk". Wohltönender Gesang; mit einem gedehnten, hohen Ton beginnend, dem einige kürzere und tiefere Töne folgen, weiter klingelnde Passagen, in die auch raue Töne und Imitationen eingebaut sind, mit einem schwachen Trillern endend.

VORKOMMEN

Gärten in Dörfern und Städten, Parks, Obstbaumbestände, lichte Laub-, Misch- und Nadelwälder (Waldränder). Sommervogel.

WISSENSWERTES

Frisst Insekten, deren Larven und Spinnen. Nest in Höhlen. 5–7 bläulich-grüne Eier. Häufig 2 Bruten ab Anfang Mai.

Feldschwirl

Locustella naevia

L 13 CM
< SPERLING
APRIL–SEPTEMBER

Grassänger

MERKMALE

Oberseite olivbraun, kräftig dunkel gestreift; Bürzel nur schwach gestreift. Schwanz gestuft und gerundet. Unterseite weißlich.

STIMME

Der typische Gesang ist ein monotones Schnurren, das meist in der Morgen- und Abenddämmerung, aber auch nachts zu hören ist. Bricht manchmal minutenlang nicht ab. Der Gesang des Feldschwirls beginnt bisweilen tiefer, um bald auf die endgültige Tonhöhe („sirrr") überzugehen. Der Gesang des ähnliches Rohrschwirls *(L. luscinoides)* klingt dagegen tiefer („örrr").

VORKOMMEN

Feuchtwiesen, Sumpfgebiete, Moore.

WISSENSWERTES

Frisst kleine Insekten. Nistet am Boden versteckt in der Vegetation. 4–7 Eier. Oft 2 Bruten im Jahr; Gelege ab Ende April. – Die bräunlich gefärbten Schwirle sind nur schwer voneinander zu unterscheiden, es sei denn, man zieht die Gesänge als weiteres Bestimmungsmerkmal hinzu (s. Stimme).

12

Teichrohrsänger *Acrocephalus scirpaceus*

L 12,5 CM
< SPERLING
MAI–SEPTEMBER

Rohrsänger

MERKMALE
Oberseite braun, Unterseite weißlich, an den Flanken gelblich-bräunlich; undeutlicher Überaugenstreif. Geschlechter gleich gefärbt.

STIMME
Auf den Teichrohrsänger wird man meist erst durch seine Stimme aufmerksam. Der rhythmische Gesang – meist von einem Schilfhalm aus vorgetragen – ist eine längere Folge von Motiven, die oft einige Male wiederholt werden: „tek tek tirri tirri tirri".

VORKOMMEN
Schilfröhrichte am Ufer von (stehenden) Gewässern, auch kleinere Schilfbestände auf feuchtem Grund. Sommervogel.

WISSENSWERTES
Nest zwischen Schilfhalme gehängt; kunstvoll geflochtener Bau mit tiefem Napf. 3–5 Eier; eine Brut im Jahr. – Der Drosselrohrsänger *(Acrocephalus arundinaceus)* wird mit 19 cm Länge deutlich größer. Der laute, weithin hörbare Gesang enthält knarrende und schrille hohe Passagen: „karre-karre-kiet-kiet-rätt-rätt".

Sumpfrohrsänger *Acrocephalus palustris*

L 12,5 CM
< SPERLING
MAI–SEPTEMBER

Rohrsänger

MERKMALE

Oberseite olivbraun, Unterseite gelblich, Kehle weißlich. Schwach ausgeprägter Überaugenstreif. Geschlechter gleich gefärbt.

STIMME

Der Gesang des Sumpfrohrsängers ist wohltönend und sehr abwechslungsreich, vor allem durch die vielen eingestreuten Nachahmungen (Imitationen) der Stimmen anderer Vögel. Man spricht auch von „spotten" oder „Spottgesang". Weitere Beispiele für imitierende Vögel sind der Gelbspötter (s. S. 38) und der Star (s. S. 102).

VORKOMMEN

Dichte Vegetation in feuchten Gräben, feuchte Dickichte, Weidengebüsche. Auch in Getreidefeldern und ähnlichen Lebensräumen weitab vom Wasser. Sommervogel.

WISSENSWERTES

3–6 Eier; eine Brut im Jahr. – Rohrsänger sind typische Vögel feuchter Pflanzendickichte und Röhrichte. Sie können gut an Pflanzenstängeln klettern, sind unauffällig gefärbt und am besten an ihrer Stimme zu unterscheiden.

Gelbspötter

Hippolais icterina

L 13 CM
< SPERLING
MAI–AUGUST

Rohrsänger

MERKMALE

Auffallend gelbgrün gefärbter Vogel. Gelblicher Überaugenstreif. Schnabel relativ breit und lang; Oberschnabel dunkel, Unterschnabel rötlich. Beine blaugrau bis blauschwarz.

STIMME

Ruf „dideroid“, bei Erregung schnarred „errr“. Gesang recht laut, lang anhaltend und abwechslungsreich, mit wohlklingenden und mißtönenden Passagen. Motive mehrmals wiederholt. „Spötter“ besagt, dass im Gesang Stimmen anderer Vögel (z. B. Rohrsänger, Feldlerche, Amsel, Stieglitz) nachgeahmt (imitiert) werden.

VORKOMMEN

Gärten, Friedhöfe, Parkanlagen, dichte, unterholzreiche Wälder mit nicht zu hohem Baumbestand. Bevorzugt im Tiefland. Sommervogel.

WISSENSWERTES

Frisst Insekten, deren Larven und Spinnen. Nest aus Halmen, Wurzeln und Blättern mit tiefem Napf; meist in dichtem Gebüsch. 3–6 Eier, blassrosa mit wenigen dunklen Punkten und Flecken. Eine Brut; Gelege ab Ende Mai.

15

Gartengrasmücke *Sylvia borin*

L 14 CM
~ SPERLING
MAI–SEPTEMBER

Grasmücken

MERKMALE

Unscheinbar. Oberseite bräunlich, Unterseite heller. Beine bleigrau.

STIMME

Lockrufe „täck täck täck". Ängstliche Rufe „wät wät wät". Auch „tscharr". Lange anhaltender und wohlklingender Gesang mit kräftigen Flöten- und vollen Orgeltönen. Singt im Geäst der Bäume, aber auch im Unterholz.

VORKOMMEN

Laub- und Mischwälder mit reichem Unterwuchs. Auch in Feldgehölzen mit gestuften Rändern, in Hecken und in Parks mit unterwuchsreichen Bäumen und Gebüschen.

WISSENSWERTES

Frisst Insekten und Spinnen, im Spätsommer und Herbst auch Beeren. Napfnest aus Halmen niedrig über dem Boden (bis etwa 1 m) in dichten Pflanzenbeständen und in Gebüschen. 3–5 variabel gefärbte Eier; Grundfarbe weißlich bis schwach bräunlich, braune und graue Flecken, am stumpfen Pol bisweilen verdichtet. Eine Brut, manchmal auch 2 Bruten; erste Gelege Mitte Mai.

Dorngrasmücke *Sylvia communis*

L 14 CM
~ SPERLING
APRIL–SEPTEMBER

Grasmücken

MERKMALE
Männchen mit hellgrauer Kopfkappe, weißer Kehle und auffällig rostfarbenen Flügeln. Unterseite weißlich mit rötlichem Anflug. Weibchen insgesamt matter gefärbt; mit braunem Kopf und kaum rötlichem Anflug auf den Bauchseiten. Äußerste Schwanzfedern weißlich.

STIMME
Rufe ein wiederholtes „tschäck", nasal „woid woid". Schimpft rau „scharr". Gesang ein raues, aber durchaus melodisches Zwitschern, recht kurz und unvermittelt abbrechend: „didididroidazit"; wird häufig in kurzem Balzflug vorgetragen.

VORKOMMEN
Eher in offenem Gelände, in Gebüschgruppen, Hecken, Feldrainen, an Bahndämmen und gestuften Waldrändern. Sommervogel.

WISSENSWERTES
Frisst Insekten und deren Larven, Spinnen und Beeren. Nistet in niedrigen Gebüschen. 3–6 weißlich-graue Eier mit graubrauner Sprenkelung und dunklen Punkten und Flecken. Zwischen Mai und Juli 2 Bruten.

Klappergrasmücke *Sylvia curruca*

L 13,5 CM
~ SPERLING
APRIL–SEPTEMBER

Grasmücken

MERKMALE
Leicht mit der sehr ähnlichen Dorngrasmücke (s. S. 42) zu verwechseln. Von der Dorngrasmücke durch die viel grauere Oberseite, die dunkler grauen Ohrpartien, die weißliche Unterseite und den kürzeren Schwanz zu unterscheiden. Weißliche Schwanzkanten.

STIMME
Rufe hart „täck“. Gesang charakteristisch: Einem leisen, zwitschernden Auftakt folgt ein lautes Klappern, das wie „millillill“ klingt (Name!). Singt meist in Deckung, nur selten im Balzflug.

VORKOMMEN
Gärten und Parks mit Baum- und Buschbestand, auch an Waldrändern und in Feldgehölzen mit Buschgruppen. Sommervogel.

WISSENSWERTES
Frisst Insekten und deren Larven, Spinnen und im Spätsommer auch Beeren. Napfnest aus Halmen und Wurzeln in Gebüsch und Hecken. 3–5 weißliche Eier mit sparsamer Sprenkelung. Eine Brut, bisweilen 2 Bruten; erste Gelege Anfang Mai.

Mönchsgrasmücke *Sylvia atricapilla*

Grasmücken

L 14 CM
~ SPERLING
APRIL–OKTOBER

MERKMALE
Oberseite grünlich-bräunlich, Unterseite und Seiten des Kopfes aschgrau, Bauch weißlich. Unterseite des Weibchens bräunlich. Das Männchen hat eine glänzend-schwarze, das Weibchen eine rotbraune Kopfplatte.

STIMME
Ruft „täck täck“, bei Erregung wiederholt und dann auch schnarrend. Der Gesang ist ein reichhaltiges Zwitschern, das typischerweise mit einem lautenden „Überschlag“ aus reinen Flötentönen beendet wird.

VORKOMMEN
Gärten und Parks mit Büschen und Bäumen, auch Schonungen und Wälder mit reichem Unterwuchs. Sommervogel.

WISSENSWERTES
Frisst Insekten und deren Larven, Spinnen und im Herbst auch Beeren. Nest in dichter Vegetation in Bodennähe, auch in Büschen. 4–6 Eier, sehr variabel, weißlicher, grauer oder bräunlicher Grund, aschgrau und dunkelbraun gefleckt. Eine Brut; Gelege ab Mai.

19

Waldlaubsänger *Phylloscopus sibilatrix*

L 12,5 CM
< SPERLING
APRIL–SEPTEMBER

Laubsänger

MERKMALE

Oberseite leuchtend gelbgrün, Kehle und Brust schwefelgelb, übrige Unterseite weißlich. Auffällig ist der breite gelbe Überaugenstreif. Beine und Schnabel hell hornfarben.

STIMME

Rufe klingen wie „düh, düh“ und „wit, wit, wit“. Gesang typisch; beginnt mit einigen „düh, düh“-Tönen, denen eine Reihe von Tönen folgt, die wie „sib“ klingen, und endet mit einem schnurrenden „sirrr“-Triller (Eselsbrücke: „Nähmaschinen-vogel“!).

VORKOMMEN

Überwiegend Laubwälder mit wenig Unterwuchs, typisch für Buchen-Hochwälder; aber auch in Mischbeständen. Sommervogel.

WISSENSWERTES

Frisst Kleintiere wie Insekten und deren Larven und Spinnen. Kugeliges Nest mit großem seitlichem Eingang („Backofennest“) am Boden in niedriger Vegetation. 5–7 Eier, weiß mit vielen dunkel rotbraunen Punkten. Eine Brut; Gelege ab Anfang Mai.

Zilpzalp

Phylloscopus collybita

L 11 CM
< SPERLING
MÄRZ–NOVEMBER

Laubsänger

MERKMALE

Oberseite olivbraun, Unterseite weißlich mit leichtem gelbem Anflug. Sehr ähnlich Fitis (s. S. 52), aber weniger deutlicher, gelbgrüner Überaugenstreif. Beine schwärzlich.

STIMME

Rufe wenig aussagekräftig – „hüid“. Gesang ebenso eintönig wie typisch. Die „zilp, zalp, zalp, zilp, zilp, zalp“-Folge wird nicht sehr rasch vorgetragen. Dazwischen werden harte „trrrt-trrrt“-Laute eingeschoben.

VORKOMMEN

Große Gärten, Parks, lichte, unterholzreiche Wälder und Feldgehölze. Meist im höheren Gezweig und Geäst. Sommervogel.

WISSENSWERTES

Frisst Kleintiere wie Insekten und Spinnen, im Spätsommer und Herbst auch Beeren. Backofennest, das meist gut versteckt am Boden zwischen Pflanzen oder in niedrigem Gezweig steht. 4–6 Eier, weiß mit feinen gelblichen und bräunlichen Punkten. 1–2 Bruten; Gelege ab Ende April.

21

Fitis

Phylloscopus trochilus

L 11 CM
< SPERLING
APRIL–OKTOBER

Laubsänger

MERKMALE

Leicht mit Zilpzalp (s. S. 50) zu verwechseln und draußen nur am Gesang eindeutig zu unterscheiden. Olivbraune Oberseite und weißliche Unterseite mit gelbem Anflug. Beine meist hellbraun. Gelblicher Überaugenstreif.

STIMME

Rufe ähnlich wie Zilpzalp „hüid", jedoch zweisilbig. Der etwas schwermütig anmutende Gesang ist eine weichtönende Kadenz, die mit einem typischen Schnörkel abschließt.

VORKOMMEN

Größere Gärten und Parks mit Baumbestand, lichte Wälder und Waldränder, auch feuchte Wälder und Gebüsche an Gewässern.

WISSENSWERTES

Frisst Insekten und deren Larven, Spinnen, im Spätsommer und Herbst auch Beeren. Backofennest aus Gras und anderen Pflanzenteilen gut versteckt, dicht am Boden zwischen Pflanzen oder unter niedrigem Gebüsch. 5–7 Eier, bei weißlicher Grundfärbung fein rötlich gefleckt. Eine Brut oder 2 Bruten; Gelege ab Anfang Mai.

Wintergoldhähnchen

Regulus regulus

Goldhähnchen

L 9 CM
< SPERLING
GANZJÄHRIG

MERKMALE

Kleinste Art der europäischen Vogelwelt. Rundliche Gestalt. Oberseite olivgrün, Unterseite weißlich-grünlich. Im Flügel 2 weiße Binden und ein schwarzes Band. Leuchtend gelber Scheitel mit schwarzer Begrenzung, beim Männchen mit orangefarbenem, beim Weibchen mit gelblichem Mittelstreifen.

STIMME

Häufig zu hören, aber nur sehr leise und fein. Rufe spitz „sih-sih-sih“. Gesang ein gereihter Doppelton, eilig dahinfließend, Zwitschern als Abschluss.

VORKOMMEN

Hauptsächlich in reinen Nadelwäldern und in Mischwäldern, auch in größeren Parks.

WISSENSWERTES

Frisst kleine Insekten und Spinnen sowie deren Entwicklungsstadien. Moosnest mit tiefer Mulde unter den Spitzen der Zweige von Nadelbäumen oder in Astgabeln aufgehängt. 8–10 weiße Eier mit feiner brauner Fleckung. 2 Bruten; Gelege ab Mai.

Grauschnäpper *Muscicapa striata*

Fliegenschnäpper

L 14 CM
~ SPERLING
APRIL–SEPTEMBER

MERKMALE

Aufrechte Sitzhaltung. Gefieder unscheinbar. Dunkel graubrauner Rücken, weißliche Unterseite, Kehle fein dunkel gestrichelt, Brust mit verwaschenen, dunklen Fleckenstreifen. Zuckt häufig mit Schwanz und Flügeln.

STIMME

Ruft scharf „pst" oder dünn „zieh", bei Erregung schnell „zi-tek-tek". Der wenig auffallende Gesang ist eine Reihe von dünnen Tönen: „sip-sip-sip-sitti-sih-sih" oder „zi-zi-sri-srii-tsr".

VORKOMMEN

Gärten, Parks, auch Feldgehölze und lichte Laub- und Mischwälder (Waldränder). Sommervogel.

WISSENSWERTES

Frisst Insekten, die im Fangflug erbeutet werden. Der Vogel sitzt exponiert und startet von dort seine gewandten Flatterflüge. Brütet in Halbhöhlen (Baumhöhlen, Mauerlöchern, unter Dachvorsprüngen). Lockeres Nest aus Pflanzenmaterial, Haaren und Federn. 4–6 weißliche Eier mit lebhafter bräunlicher Fleckung. Eine Brut, selten 2 Bruten; Gelege ab Mai.

56

Haubenmeise

Lophophanes cristatus

Meisen

L 11,5 CM
< SPERLING
GANZJÄHRIG

MERKMALE

Oberseite graubraun, Unterseite weißlich mit rahmfarbenen Seiten. Schwarz-weiß gesprenkelte Haube und helle, schwarz eingefasste Kopfseiten. Schwarzer Kehlfleck. Meist hoch in Nadelbäumen, daher nicht immer leicht zu sehen.

STIMME

Ruft eindeutig „zizi-gürr", auch nur schnurrend „gürrr". Der lebhafte Gesang ist eine Folge dieser arteigenen Rufe.

VORKOMMEN

Überwiegend Nadelwälder, aber auch Mischwälder mit hohem Nadelholzanteil und Parks mit Nadelbaumbeständen. Vom Tiefland bis an die Baumgrenze im Hochgebirge.

WISSENSWERTES

Frisst Insekten, deren Larven und Samen (hauptsächlich von Nadelbäumen); am Futterplatz auch Samen und Talg. Nistet in hohlen Bäumen, ausgefaulten Astlöchern oder vermodernden Baumstümpfen. 5–9 weiße Eier, fein rotbraun, am stumpfen Pol oft etwas dichter gefleckt. Ab April 2 Bruten.

Sumpfmeise

Poecile palustris

L 11,5 CM
< SPERLING
GANZJÄHRIG

Meisen

MERKMALE

Unscheinbar graubraunes Gefieder, aber an der glänzend-schwarzen Kopfplatte und der schwarzen Kehle leicht zu erkennen. Oberseite dunkler braun als Unterseite, Kopfseiten und Brust weißlich, Flanken gelblich-braun.

STIMME

Rufe typisch „pistjä“, bei Erregung „zjä-dä-dä“. Der Reviergesang ist ein einförmig klappernd vorgetragenes „zje-zje-zje“ oder „ziwuid-ziwuid“. Die sehr ähnliche Weidenmeise *(Poecile montanus)* ruft gedehnter als die Sumpfmeise: „däh“, auch „zi-zi-däh-däh“.

VORKOMMEN

Gärten, Obstbaumbestände, Parks, Heckengelände, Feldgehölze, Laubwälder im Tiefland.

WISSENSWERTES

Die Nahrung besteht aus Insekten, Spinnen und anderen Kleintieren und aus Samen. Nistet in Baumhöhlen und nimmt auch Nistkästen an. Nest aus Moos, Haaren und Federn. 6–10 weißliche Eier, rötliche, am stumpfen Pol verdichtete Fleckung. Eine Brut; Gelege ab April.

60

Tannenmeise

Periparus ater

L 11,5 CM
< SPERLING
GANZJÄHRIG

Meisen

MERKMALE

Mit der Kohlmeise (s. S. 64) zu verwechseln, aber kleiner und insgesamt rauchig im Gefieder. Oberseite olivgrau, Unterseite gelblich bis weißlich. Kopfplatte schwarz; weiße, schwarz eingefasste Kopfseiten; weißer, schwarz begrenzter Nackenfleck; schwarzer Kehllatz.

STIMME

Rufe hoch und fein „tsi", auch wiederholt „tsi-tsi-tsi"; bei Erregung hoch „sitjü". Der Gesang ist ein typisches, schnelles, leicht wetzendes „wize-wize-wize"; das ganze Jahr über zu hören.

VORKOMMEN

Hauptsächlich Nadelwälder, auch in Parks und großen Gärten mit reichem Nadelbaumbestand. Von tiefen Lagen bis ins Hochgebirge.

WISSENSWERTES

Frisst Insekten und deren Larven, Spinnen und kleine Samen. Nistet in Baumstümpfen und Erdhöhlen, in Baumhöhlen in niedriger Höhe und in Nistkästen. 6–10 Eier, auf weißlichem Grund feine, rötliche Flecken. Meist 2 Bruten; Gelege ab Ende März.

Kohlmeise

Parus major

L 14 CM
< SPERLING
GANZJÄHRIG

Meisen

MERKMALE

Oberseite olivgrün. Kopfplatte und Hals glänzend blauschwarz; Wangen weiß, blauschwarz eingefasst. Weiße Flügelbinde, weiße Schwanzkanten. Unterseite gelb mit schwarzem Längsstreifen in der Mitte; Streifen beim Weibchen schmaler und kürzer als beim Männchen.

STIMME

Rufe teilweise „pink, pink“ (daher volkstümlich „Finkmeise“!), teilweise typisch „zizidäh“ oder kürzer „zidäh“; in Erregung „trärretetet“. Gesang setzt sich aus „zizidäh“-Rufen zusammen; oft schon im ausgehenden Winter zu hören.

VORKOMMEN

Gärten und Parks, auch mitten in großen Städten. Daneben an Hecken, in Feldgehölzen, in Laub- und Mischwäldern.

WISSENSWERTES

Frisst Insekten und deren Larven, Spinnen und Samen. Bezieht Baumhöhlen und Nistkästen, aber auch andere Höhlungen. 6–12 Eier mit weißlichem Grund, rötlichen Flecken. Meist nur eine Brut; Gelege ab Ende März.

64

Blaumeise

Cyanistes caeruleus

L 11,5 CM
< SPERLING
GANZJÄHRIG

Meisen

MERKMALE

Lebhafter Vogel, der geschickt in den Zweigen herumturnt; hängt dabei oft kopfüber. Rücken olivgrün, Unterseite gelb. Kopfplatte, Flügel und Schwanz lebhaft blau. Weißliche Kopfseiten, weißliche Stirn, schwarzer Augenstreif. Blauschwarzes Kinn geht in schwarzes Band um die hellen Kopfseiten über.

STIMME

Rufe klingen wie „tsi-tsi-tsi-tsit", bei Erregung auch ansteigend „zerretetet", daneben „tsi-tsi-tsi". Der Gesang beginnt meist mit „zi-zi", dem eine helle, trillernde Passage folgt, die wie „zirrr" klingt, also „zi-zi-zirrr".

VORKOMMEN

Gärten und Parks, Feldgehölze, Laub- und Mischwälder.

WISSENSWERTES

Frisst Insekten und deren Larven, Spinnen und andere Kleintiere, daneben Samen und Talg. Nistet in natürlichen oder künstlichen Höhlen. 7–13 Eier, weiß mit rötlichen Flecken. Eine Brut; Legebeginn Mitte April.

66

Kleiber

Sitta europaea

L 14 CM
~ SPERLING
GANZJÄHRING

Kleiber

MERKMALE

Gedrungener Vogel mit kurzem Schwanz. Läuft geschickt an Baumstämmen empor, ohne dabei den Schwanz als Stütze zu benutzen. Kann auch stammabwärts laufen. Oberseite graublau, Unterseite rostgelb. Schwarzer Augenstreif, weißliche Kehle.

STIMME

Rufe laut, metallisch „twiht, twiht“, auch trillernde „tsirr“-Laute. Der Gesang ist ein lautes, unüberhörbares pfeifendes „tüh“, auch ein längeres „tüi-tüi-trirr“.

VORKOMMEN

Gärten und Parkanlagen, vor allem aber Laubwälder, weniger Mischwälder.

WISSENSWERTES

Frisst Kleintiere und Samen. Als Höhlenbrüter auf Baumhöhlen (Spechthöhlen) angewiesen, daher meist in alten Baumbeständen. Zu große Eingangslöcher verkleinert der Vogel mit feuchtem Lehm (daher der Name: Kleiber = Kleber!). 5–9 weißliche Eier mit rötlichen und bräunlichen Flecken. Eine Brut; Gelege ab April.

68

30

Gartenbaumläufer *Certhia brachydactyla*

L 12,5 CM
< SPERLING
GANZJÄHRIG

Baumläufer

MERKMALE
Oberseite braun mit rahmfarbenen Streifen und Flecken. Bauch hell, Flanken bräunlich. Schnabel lang und dünn, gebogen. Geschlechter gleich gefärbt.

STIMME
Rufe einzeln oder gereiht, kräftig „tit“. Gesang recht kurz und kräftig, ein rhythmisches „tüttero-ittitt“.

VORKOMMEN
Gärten, Obstbaumbestände, Parkanlagen, Laubwälder mit nicht zu dichtem Baumbestand, seltener Nadelwälder. Im Gebirge ab etwa 1.000 m Höhe fehlend.

WISSENSWERTES
Baumläufer ernähren sich von in der Baumrinde lebenden Kleintieren und von Samen. Nest aus Pflanzenmaterial, innen mit Federn gepolstert. Es wird hinter abstehende Rindenstücken, in Baum- und Mauerspalten gebaut. Man kann den Vögeln auch spezielle Baumläuferhöhlen anbieten. 5–7 Eier, weiß, braun und rot gefleckt. Eine Brut; Gelege ab Mitte April.

31

Zaunkönig

Troglodytes troglodytes

L 9,5 CM
< SPERLING
GANZJÄHRIG

Zaunkönige

MERKMALE

Kleiner, rundlicher, brauner Vogel mit fast ständig gestelztem Schwanz. Oberseite kräftig braun, Unterseite heller braun; Flanken mit dunkelbrauner bis schwarzer Musterung. Äußerst lebhaft, knickst bei Erregung. Huscht wie eine Maus durch das Gezweig von Büschen und niedrigen Bäumen und am Boden entlang. Geradliniger, schnurrender Flug.

STIMME

Ruft laut und hart „zick-zick-zick“, bei Erregung auch schnurrend „zerr“. Als Gesang eine Reihe schmetternder Töne, in die Roller eingeschoben sind. Fast immer von exponierten Warten aus vorgetragen. Auch mitten im Winter zu hören.

VORKOMMEN

Gärten, Parks und unterwuchsreiche Wälder.

WISSENSWERTES

Frisst Kleintiere wie Insekten und Spinnen. Kugelförmiges Nest mit seitlichem Eingang; am oder kurz über dem Boden. 5–7 weiße Eier mit wenigen rotbraunen oder schwarzen Punkten. 2 Bruten; Gelege ab April.

72

Haussperling, Spatz

32

Passer domesticus

L 14,5 CM
KENNART
GANZJÄHRIG

Sperlinge

MERKMALE
Männchen mit grauer Kopfplatte, kastanienbraunem Nacken, weißlich-grauen Wangen, schwarzem Kehlfleck. Rücken und Flügel braun mit dunklen Längsstreifen, Flügel mit weißer Binde, Bürzel grau. Unterseite grau-weißlich. Weibchen ohne die für Männchen typische Kopfzeichnung. Meist gesellig auftretend.

STIMME
Typisches Tschilpen, daneben abwechslungsreiche Laute. Aus diesen Elementen setzt sich auch der Gesang zusammen.

VORKOMMEN
Überall in Dörfern und Städten (Kulturfolger); nur selten entfernt von Siedlungen.

WISSENSWERTES
Frisst Beeren, Samen, Knospen, grüne Pflanzenteile, Insekten und andere Kleintiere. Nest ist umfangreicher, ein unordentlicher Bau in Mauerlöchern, unter Dachbalken und Dachpfannen. 5 bis 6 Eier, meist auf bläulich-grünlichem Grund dicht dunkelbraun gefleckt. 2–3 Bruten; erste Gelege in der zweiten Aprilhälfte.

Feldsperling

Passer montanus

Sperlinge

L 14 CM
~ SPERLING
GANZJÄHRIG

MERKMALE

Etwas kleiner als Haussperling (s. S. 74). Männchen und Weibchen sehen gleich aus. Rücken braun mit dunkler Längsstreifung. Flügel mit einer kräftigen und einer undeutlichen weißen Binde. Kastanienbraune Kopfplatte, schwarze Kehle und schwarze Wangenflecken. Wie Haussperling gesellig.

STIMME

Rufe härter als beim Haussperling, „tschick" oder „tek-tek-tek", auch hell „twit". Der Gesang setzt sich aus diesen Tönen zusammen, ein schnelles Tschilpen.

VORKOMMEN

Mehr ein Vogel der offenen Landschaft mit Hecken und Feldgehölzen.

WISSENSWERTES

Frisst Beeren, Samen, grüne Pflanzenteile und Kleintiere (vor allem Insekten). Das überdachte Nest steht in Höhlen, vor allem Baumhöhlen, aber auch in Löchern in Erd- und Felswänden. 5–6, auf hellem Grund dicht dunkel gefleckte Eier. Ab Ende April 2 Bruten.

Buchfink

Fringilla coelebs

L 15 CM
~ SPERLING
GANZJÄHRIG

Finken

MERKMALE

Männchen mit überwiegend kastanienbraunem Gefieder. Blaugraue Kopf- und Nackenpartie, grünlicher Bürzel und 2 breite weiße Flügelbinden. Weiße Schwanzkanten. Weibchen im Ganzen grünlich mit 2 hellen Flügelbinden.

STIMME

Ruft kräftig „pink“, auch weich „hüid“. Der Gesang („Schlag“) setzt sich aus etwa einem Dutzend kräftiger Schmettertöne zusammen, die abfallen und in einem Schnörkel enden, etwa „zi zi zi zi teroitit“ klingend.

VORKOMMEN

Überall häufig in Gärten und Parks, Feldgehölzen und Wäldern.

WISSENSWERTES

Ernährt sich von Knospen, Beeren, Samen, Getreidekörnern und Kleintieren. Kunstvolles Napfnest aus Moos, Flechten, Grashalmen und Spinnweben; meist nicht sehr hoch in Bäumen oder Büschen. 4–6 Eier, zartblau, dicht braun und rosa gefleckt. Eine Brut, oft auch 2 Bruten; Gelege ab April.

Girlitz

Serinus serinus

L 11,5 CM
< SPERLING
MÄRZ–OKTOBER

Finken

MERKMALE

Kleiner, zierlich gebauter Fink. Beim Männchen Brust, Kehle, Überaugenstreif und Stirn kräftig gelb. Bauch und Rücken gelb, aber dunkel gestreift. Dunkle Flügel mit 2 gelben Binden. Leuchtend gelber Bürzel, Schwanz einheitlich schwarzbraun. Weibchen insgesamt matter gefärbt.

STIMME

Klirrende, wie „girlitt" (Name!) klingende Rufe. Als Gesang lange anhaltende, klirrende und perlende Folge von etwa gleich hohen Tönen. Singt von exponierter Singwarte aus oder in flatterndem Balzflug.

VORKOMMEN

Gärten und Parks, Friedhöfe, Streuobstwiesen, Weinberge, auch lichte Wälder; im Tiefland.

WISSENSWERTES

Frisst Samen und Kleintiere (vor allem kleine Insekten). Sorgfältig gebautes Napfnest in Büschen und auf Bäumen. 3–5 Eier, grünlich-bläulich, rotbraun und lila gefleckt. 2 Bruten; Gelege ab April/Mai.

80

Bluthänfling

Acanthis cannabina

L 13,5 CM
< SPERLING
GANZJÄHRIG

Finken

MERKMALE

Männchen in der Brutzeit mit kastanienbraunem Rücken und weißlich-bräunlicher, teilweise dunkel gefleckter Unterseite. Grauer Kopf, Scheitel und Brust karminrot (Name!). Eingekerbter schwarzbrauner Schwanz. Weibchen ohne Rot; Ober- und Unterseite mit deutlichen Längsstreifen.

STIMME

Ruft im Flug „geckeck-eck". Als Gesang eine abwechslungsreiche Folge von harten und weichen Tönen, die in Triller und Pfeiftöne übergeht.

VORKOMMEN

Mehr ein Vogel der offenen Landschaft (Hecken), aber auch an Waldrändern, auf Friedhöfen und in Parks.

WISSENSWERTES

Frisst Samen und kleine Insekten. Nistet in Büschen und Hecken, auch in niedrigen Bäumen. 4–6 weiße, rosa und violett gefleckte Eier; Fleckung um den stumpfen Pol gehäuft. 2 Bruten; Gelege ab Ende April.

Stieglitz, Distelfink

Carduelis carduelis

Finken

L 12 CM
< SPERLING
GANZJÄHRIG

MERKMALE
Rote Gesichtsmaske, weiß umrahmt, Kopfplatte und Nacken schwarz. Rücken, Brust und Bauch bräunlich. Schwarze Flügel mit gelbem Längsstreifen und teilweise weißen Federenden. Weißer Bürzel, Schwanz schwarz mit weißen Flecken im hinteren Teil. Geschlechter gleich.

STIMME
Typische „stigelitt"-Rufe (daher der Name Stieglitz!). Der Gesang ist eine hastige Folge dieser Rufe und schmetternder Töne, Triller und Schnörkel.

VORKOMMEN
Gärten, Obstbaumbestände, Parks, Waldränder. Bei der Nahrungssuche auch an Wegrändern und auf Ödlandflächen.

WISSENSWERTES
Frisst vor allem die Samen von Stauden, gerne von Disteln (daher der Name Distelfink!), daneben Kleintiere. Nistet in Hecken und auf Bäumen. Gelege aus 4–6 Eiern; weißlicher Grund, rotbraune, am stumpfen Pol gehäufte Fleckung. Eine Brut; ab Anfang Mai.

84

Grünling, Grünfink

Carduelis chloris

L 14,5 CM
~ SPERLING
GANZJÄHRIG

Finken

MERKMALE

Männchen olivgrün gefärbt, mit auffälligem gelben Flügelfeld, gelbgrünem Bürzel und gelben Seiten im vorderen Teil des Schwanzes. Weibchen insgesamt matter gefärbt.

STIMME

Ruft beim Abflug klingelnd „gigigig"; sonst auch langgezogenes, raues „ihtsch". Der Gesang setzt sich aus klingelnden und schnarrenden Trillern, Pfeiftönen und Rufen zusammen; darin eingestreut auch gedehnte „dscheeh"-Rufe.

VORKOMMEN

Gärten, Friedhöfe, Parkanlagen, Obstbaumbestände, Feldgehölze, auch lichte Wälder. Vom Tiefland bis ins Bergland.

WISSENSWERTES

Als Nahrung Knospen, Blüten, Samen und Kleintiere. Umfangreiches Nest in Büschen, Hecken und kleinen Bäumen, auch in Fassadenbegrünungen. 4–6 Eier mit weißlichem Grund und bräunlichen und schwarzen Flecken. Regelmäßig 2, manchmal auch 3 Bruten; Gelege ab April.

39

Gimpel, Dompfaff

Pyrrhula pyrrhula

L 14,5–16 CM
~ SPERLING
GANZJÄHRIG

Finken

MERKMALE

Männchen mit schwarzer Kopfplatte, blaugrauen Rücken, schwarzen Flügeln mit weißer Binde, weißem Bürzel und schwarzem Schwanz; leuchtend rote Unterseite. Beim Weibchen Oberseite graubraun, Unterseite rötlich grau. Wellenförmiger Flug. Fast stets paarweise.

STIMME

Als Rufe schwermütige Pfiffe, wie „düh, düh“ klingend. Beim Abflug gereiht „düt, düt, düt“. Als Gesang leises Gemisch aus zwitschernden und knarrenden Lauten.

VORKOMMEN

Gärten, Friedhöfe und Parks, Obstbaumbestände, Nadel- und Mischwald.

WISSENSWERTES

Frisst Knospen (bisweilen Schäden an Obstbäumen), Beeren und Samen, auch Insekten. Lockeres Nest aus Zweigen, Halmen, Moos, Haaren und Federn; in Büschen und Hecken. 4–6 hellblaue Eier mit schwarzbraunen Punkten und Flecken (oft am stumpfen Pol gehäuft). 2 Bruten; Gelege ab April.

88

40

Goldammer

Emberiza citrinella

L 16,5 CM
~ SPERLING
GANZJÄHRIG

Ammern

MERKMALE

Beim Männchen Kopf und Unterseite zitronengelb gefärbt; Kopf mit feinen grünlich-bräunlichen Streifen. Rücken braun, dunkel gestreift; Flanken braun gestreift. Auffällig der hell rotbraune Bürzel und die weißen Schwanzkanten. Weibchen insgesamt weniger gelb im Gefieder, auch an Kopf und Kehle gestreift.

STIMME

Ruft häufig „zirk", auch „tirr". Gesang einprägsam. Die „zizizizi-zihee" klingende Strophe lässt sich mit „wie, wie, wie hab ich dich lieb" übersetzen.

VORKOMMEN

Mehr ein Vogel der offenen Landschaft; in Hecken, aber auch an Waldrändern und in Schonungen.

WISSENSWERTES

Frisst Kleintiere, Knospen und Samen (Getreidekörner). Nest aus Grashalmen und Moos am Boden oder nur wenig darüber, in Hecken und an den Rändern von Gräben. 3–5 Eier, weißlich mit grauen und rötlichen Flecken und feinen Linien. Ab April 2 Bruten.

Amsel

Turdus merula

L 24–25 CM
KENNART
GANZJÄHRIG

Drosseln

MERKMALE

Männchen mit schwarzem Gefieder, schmalem, gelbem Augenring und gelbem Schnabel. Weibchen bräunlicher, Kehle gefleckt, Schnabel braun.

STIMME

Ruft dünn „zih“, bei Erregung laut und durchdringend „tik, tik, tik“, auch beim Abfliegen und abends vor dem Aufsuchen der Schlafplätze. Gesang langsam, schwermütig wirkend. Folge von getragenen und flötenden Tönen. Die einzelnen Strophen schließen mit schwächeren gepressten und zwitschernden Tönen ab.

VORKOMMEN

Früher reiner Waldvogel, heute als Kulturfolger auch überall in menschlichen Siedlungen, in Gärten und Parks.

WISSENSWERTES

Frisst Schnecken, Würmer, Insekten, Früchte und Beeren. Nistet in Hecken, Büschen, Kletterpflanzen, auf Fenstersimsen und Dachbalken. 4–7 grünlich-bläuliche Eier mit dichter bräunlicher Fleckung. 2, sogar 3 Bruten; Gelege ab März.

Wacholderdrossel *Turdus pilaris*

L 25,5 CM
~ AMSEL
GANZJÄHRIG

Drosseln

MERKMALE

Grauer Kopf, kastanienbrauner Rücken, grauer Bürzel und fast schwarzer Schwanz. Unterseite im Kehlbereich und an den Flanken gelblich und kräftig dunkel gefleckt und gestreift; im Bauchbereich gelblichweiß und nicht gefleckt. Im Flug fallen der graue Bürzel und die weißen Unterflügel auf. Meist gesellig.

STIMME

Ruft „schack-schack-schack“, auch hart „terr-terr“ und gezogen „zieh“. Der schwätzende, zwitschernde, mit harten Lauten durchsetzte Gesang wird von Singwarten, aber auch im Flug vorgetragen.

VORKOMMEN

Große Gärten mit Baumbestand, Parkanlagen, Obstbaumwiesen, Feldgehölze, lockere Wälder.

WISSENSWERTES

Als Nahrung Würmer, Schnecken und Insekten, im Herbst auch Früchte und Beeren. Brütet meist kolonieartig mit Artgenossen zusammen. 4–6 Eier, grünlich-bläulicher Grund, rotbraune Flecken. Häufig 2 Bruten; Gelege ab April/Mai.

Singdrossel *Turdus philomelos*

L 23 CM
< AMSEL
MÄRZ–NOVEMBER

Drosseln

MERKMALE

Brauner Rücken, weißlich-gelbliche Unterseite mit Längsreihen schwarzbrauner Punkte. Rahmfarbene Unterflügel (Misteldrossel mit weißen Unterflügeln, s. S. 98).

STIMME

Ruft laut „gick“, im Flug auch typisch „zipp“. Erregte Vögel zetern. Gesang recht laut und charakteristisch. Kurze Motive werden jeweils 2–4-mal wiederholt, dann folgt das nächste Motiv; Gesang daher rhythmisch wirkend. Motive abwechslungsreich, mehrsilbig, klangvoll. Gesang meist von hoher Singwarte (Baumwipfel) aus vorgetragen.

VORKOMMEN

Gärten und Parkanlagen, Feldgehölze, Wälder aller Art. Sommervogel.

WISSENSWERTES

Frisst Schnecken, Würmer, Insekten, Spinnen, im Herbst auch Früchte und Beeren. Nistet in Büschen, Hecken und Bäumen (nahe am Stamm). 4–6 hellblaue bis türkisfarbene Eier, sparsam schwarz gefleckt. 2 Bruten ab April.

96

Misteldrossel *Turdus viscivorus*

L 27 CM
> AMSEL
FEBR.–NOVEMBER

Drosseln

MERKMALE

Oberseite graubraun, Unterseite gelblich-weiß mit kräftigen schwarzbraunen Flecken. Weiße Unterflügel (nicht rahmfarben wie bei Singdrossel, s. S. 96).

STIMME

Ruft schnarrend und hart „trrr", auch dünn und gezogen „si-ip". Der flötende Gesang ähnelt in der Struktur dem der Amsel, ist aber wesentlich lauter und zeigt Wiederholungen ähnlicher Motive. Strophen kürzer als bei der Amsel. Singt von hohen Warten (Baumwipfeln) aus.

VORKOMMEN

Hauptsächlich in Laub-, Misch- und auch Nadelwäldern, daneben auf Streuobstwiesen, in Parkanlagen und in großen Gärten.

WISSENSWERTES

Als Nahrung Würmer, Schnecken, Insekten und im Herbst auch Beeren. Nistet meist einige Meter über dem Boden in Bäumen oder großen Büschen. 4–6 grünlich-bläuliche Eier mit dichter rotbrauner Fleckung. Eine Brut; erste Gelege im März.

Pirol

Oriolus oriolus

Pirole

L 24 CM
~ AMSEL
MAI – SEPTEMBER

MERKMALE

Männchen mit gelbem Gefieder. Schwarze Flügel und schwarzer Schwanz mit gelben Ecken. Vom Auge zum rötlichen Schnabel breiter schwarzer Streifen. Weibchen insgesamt unscheinbar grünlich gefärbt.

STIMME

Pirole halten sich meist in den Baumkronen verborgen, das wie „düdlio“ klingende Flöten verrät aber ihre Anwesenheit. Eine Eselsbrücke zum Erkennen der Rufe bietet der volkstümliche Name „Vogel Bülow“. Bei Erregung auch raue, krächzende Rufe, daneben „jik, jik“.

VORKOMMEN

Parkanlagen mit hohem Baumbestand, Laubwälder (gerne Auwälder) im Tiefland.

WISSENSWERTES

Frisst Insekten und deren Larven, Früchte und Beeren. Nest kunstvoll geflochten und in waagerecht gewachsene Astgabeln hoch in Baumkronen gehängt. 3–4 Eier, weißlich-rosa in der Grundfärbung, mit feiner bräunlicher oder schwarzer Fleckung. Eine Brut ab Mitte Mai.

100

Star

Sturnus vulgaris

Stare

L 21,5 CM
< AMSEL
GANZJÄHRIG

MERKMALE

Zur Brutzeit schwarzes Gefieder, metallisch grünlich und purpurn glänzend. Langer, spitzer, gelber Schnabel. Im Ruhekleid weiß getüpfelt („Perlstar"), Schnabel dann dunkelbraun. Dreieckige Flügel; im Flug wechseln Schlag- und Gleitphasen ab.

STIMME

Gedehnt „spreen", aber auch viele andere Rufe. Als Gesang geschwätziges Gemisch aus den Rufen, Pfiffen, Schnalz- und Schnurrlauten; darin eingebaut Imitationen anderer Vogelstimmen und technischer Geräusche. Beim Singen lassen die Vögel die Flügel hängen, oder sie schlagen damit heftig auf der Stelle.

VORKOMMEN

Gärten und Parks, Feldgehölze und Wälder. Außerhalb der Brutzeit oft riesige Schwärme.

WISSENSWERTES

Frisst Kleintiere, Früchte und Beeren. Baut in Höhlen (Baumhöhlen, Felsspalten, Mauerlöchern) ein unordentliches Nest. 4–6 blass blaugrüne Eier. Eine Brut; erste Gelege im April.

Eichelhäher

Garrulus glandarius

Rabenvögel

L 34 CM
> AMSEL
GANZJÄHRIG

MERKMALE

Oberseite dunkel rötlichbraun. Auf dem Kopf feine schwarze Fleckenstreifen; schwarzer Bartstreifen. Flügel schwarz mit weißem Feld und blau-schwarz gestreiften Federn am Bug. Bürzel weiß, Schwanz schwarz. Unterseite hell rötlichbraun. Flug langsam, wirkt flatternd.

STIMME

Typisches „Rätschen“, vor allem als Warnruf bei Störungen. Daneben auch andere raue, knackende und miauende Rufe.

VORKOMMEN

Größere Parks, Feldgehölze, Wälder. Vom Tiefland bis in Berglagen.

WISSENSWERTES

Frisst Samen und Früchte, vor allem Eicheln und Bucheckern, aber auch Insekten und kleine Wirbeltiere, Eier und Junge von Singvögeln. Als „Wintervorrat“ werden Nüsse, Eicheln und Bucheckern am Boden versteckt. Nest aus Reisig in Bäumen. 5–6 blassgrüne Eier mit feiner rotbrauner Zeichnung. Eine Brut; Gelege ab April.

Elster

Pica pica

Rabenvögel

L 46 CM
> AMSEL
GANZJÄHRIG

MERKMALE
Gefieder schwarz-weiß, je nach Beleuchtung mit metallisch grünem Glanz. Langer, gestufter Schwanz. Flatternder Flug, am Boden hüpfend.

STIMME
Laute und auffällige Rufe „schack-schack-schack-schack". Zur Paarungszeit auch abwechslungsreiches Geschwätz aus unterschiedlichen Tönen.

VORKOMMEN
Offenes Gelände mit Baumgruppen, Feldgehölze, Parks und Gärten; als Kulturfolger immer mehr in Dörfern und Städten.

WISSENSWERTES
Nahrung sehr vielseitig (Insekten und deren Larven, Spinnen, Würmer, Schnecken, Lurche, Eier und Junge von Vögeln, Früchte und Samen, Abfälle und Aas). Baut in Baumkronen aus sparrigen Ästen und Zweigen kugel- oder eiförmiges Nest mit seitlichem Eingang.
6–7 Eier; meist auf gelblichem, grünlichem oder grauem Grund braun und grau gefleckt. Eine Brut; Gelege ab April.

49

Rabenkrähe (Aaskrähe)

Corvus corone corone

Rabenvögel

L 47 CM
> AMSEL
GANZJÄHRIG

MERKMALE

Ganz schwarz im Gefieder, je nach Beleuchtung leicht glänzend; schwarzer Schnabel. Beide Geschlechter gleich gefärbt. Meist einzeln oder paarweise, im Winter bisweilen in großen Trupps. Neben der Rabenkrähe kommt bei uns die Nebelkrähe als zweite Rasse der Aaskrähe vor; an dem grauen Rücken und Bauch von der Rabenkrähe gut zu unterscheiden.

STIMME

Rau „krah“, meist einige Male wiederholt. Als Gesang abwechslungsreiches Schwätzen mit eingebauten Imitationen anderer Vogelstimmen.

VORKOMMEN

Offene Landschaften, Wälder und Parks.

WISSENSWERTES

Allesfresser (Kleintiere, Jungvögel, Aas, Pflanzenteile, Sämereien, auch Abfälle). Das Nest aus Reisig steht hoch auf Bäumen. 4 bis 6 hellblaue oder grünliche, braun und grau gesprenkelte Eier. Eine Brut; Legebeginn Ende März/Anfang April.

Dohle

Corvus monedula

Rabenvögel

L 33 CM
> AMSEL
GANZJÄHRIG

MERKMALE

Bis auf den grauen Hinterkopf einfarbig schwarz im Gefieder. Männchen und Weibchen gleich gefärbt. Schneller, gewandter Flug; am Boden lebhaft. Meist gesellig.

STIMME

Ganz typische Rufe, die wie „kjack“ klingen; bei Erregung werden diese Rufe auch gereiht. Auch schnarrend „kjärr“. Als Gesang ein leises, abwechslungsreiches Schwätzen.

VORKOMMEN

Offene Landschaft, Feldgehölze, Parkanlagen. Auch in Steinbrüchen, um Burgen und Ruinen herum und mitten in Städten.

WISSENSWERTES

Als Allesfresser nimmt die Dohle Kleintiere, Pflanzenteile und Sämereien auf. Nahrungssuche meist in Trupps. Nistet kolonieartig in Baumhöhlen, Felsspalten, Löchern in Erdwänden, alten Nestern von Saatkrähen, auf Kirchtürmen, in Schornsteinen oder auch in Nistkästen. 3–6 blassblaue Eier mit dunkleren Flecken. Eine Brut; erste Gelege im April.

Tipps zur Vogelbeobachtung

Vögel zu beobachten ist eine schöne und anregende Freizeitbeschäftigung. Ein wenig Know-how können Sie sich aber aneignen, denn dann verläuft die Vogelbeobachtung viel befriedigender, als wenn Sie jedes Mal unsicher einem Gefiederten gegenüberstehen. Man will ja schließlich wissen, welchen Vogel man da vor sich hat. Und wenn Sie ihn problemlos bestimmen, ist es auch eher möglich, sich auf besondere Verhaltensweisen zu konzentrieren oder Zusammenhänge zu erkennen.

Liebe zur Natur ist sicher die wichtigste Voraussetzung, um der Vogelbeobachtung nachzugehen. Ein wenig „Geländegängigkeit“ und Geduld sind aber weitere Eigenschaften, die sehr nützlich sind. Denn die Vogelbeobachtung beschränkt sich ja nicht auf das warme Wohnzimmer. Die Vögel, die im eigenen Garten leben oder ans Futterhaus kommen, lernen Sie so kennen, die Wald- und Wasservögel aber nicht. Und eigentlich ist die Vogelbeobachtung gerade deswegen für viele Menschen eine so befriedigende Sache, weil man ihr draußen in der Natur nachgehen kann.

Wenn Sie aber draußen unterwegs sind, sollten Sie sinnvollerweise gedeckte Kleidung tragen. Ein gutes Fernglas ist in jedem Fall notwendig. Es bewährt sich eines mit 8- oder 10-facher Vergrößerung. Eine stärkere Vergrößerung sollte man nur wählen, wenn das Glas über einen eingebauten Bildstabilisator verfügt. Betrachten Sie die Punkte Qualität, Gewicht und Preis im Zusammenhang, dann finden Sie ohne Schwierigkeiten das Ihnen zusagende Modell.

In die Tasche gehört auch ein Vogelführer wie dieser. Das Buch brauchen Sie besonders am Anfang ständig, vor allem wenn es gilt, ähnlich aussehende Arten auseinander zu halten. Außerdem lässt sich mit so einem Führer gut ein „Trockentraining" machen. Damit ist gemeint, dass man seinen Vogelführer immer wieder einmal durchblättert, sich den Text durchliest und vor allem die Abbildungen einprägt. Um einen Vogel draußen bestimmen zu können, ist es hilfreich, schon im voraus zu wissen, worauf zu achten ist. Man sollte also die feldornithologischen Kennzeichen der verschiedenen Arten im Kopf haben. Zusammen mit den draußen beobachteten Details kommen Sie sicherlich rasch zum Ziel.

Hilfreich ist auch ein Notizbuch mit Bleistift oder Kugelschreiber. Man kann sich rasch ein paar Besonderheiten notieren, vielleicht auch eine Zeichnung von beobachteten Details des Gefieders machen oder festhalten, wie der Vogel singt.

Zu Hause kann man sich ein Beobachtungstagebuch anlegen und die Notizen integrieren.

Achtung: Es sind noch ein paar Spielregeln zu beachten, die sich auf den Naturschutz beziehen. Vermeiden Sie unbedingt, die Vögel zu beunruhigen. So ist es natürlich verantwortungslos Vögel am Nest zu beobachten. Das macht kein Voglfreund! Der Vogel ist aufgeregt, flattert hilflos umher und stößt Warnrufe aus. Außerdem gefährdet man das Gelege oder die Jungen. Meiden Sie daher die Nähe von Nestern. Auch bei rastenden und überwinternden Vogelschwärmen ist immer ein ausreichender Abstand einzuhalten. Gebüsche, hohe Wiesen und Röhrichte sollten nicht betreten, sondern vom Weg aus eingesehen werden.

Sicher bestimmen

Einen Vogel zu sehen und dann herauszufinden, um welche Art es sich handelt, ihn zu bestimmen, ist zweierlei. Wenn Sie die feldornithologischen Kennzeichen des Vogels schon im Kopf haben, ist es relativ leicht, die Art richtig zu benennen. Sie werden aber immer wieder einmal einen Vogel beobachten, den Sie noch nie vorher gesehen haben. Hier helfen der folgende Fragenkatalog und die zu jeder Frage gebrachten Hinweise weiter. Der

Katalog soll anregen, bereits bei der Beobachtung eines Vogels auf alles Wesentliche zu achten. Erfahrene Feldornithologen haben dieses Raster im Kopf. Sie gehen es in Gedanken durch und kommen deshalb so schnell und sicher zu einer richtigen Bestimmung.

1. **Welche Größe hat der Vogel? Welche Gestalt hat er, wie ist er gebaut?**
   Ist der Vogel etwa so groß wie ein Sperling oder wie eine Amsel, eine Taube oder ein Bussard? Ist er schlank oder eher rundlich gebaut? Hält er sich aufrecht oder geduckt. Hat lange Beine oder kurze?

2. **Welche Farbe hat der Vogel?**
   Es ist auf die Färbung zu achten, aber auch auf die Verteilung der Farben im Gefieder.

3. **Fällt in der Zeichnung des Gefieders etwas besonders auf? Sind Kopf, Rücken, Brust, Flügel oder Schwanz auffällig gemustert?**
   Ist die Oberseite eines Vogels einfarbig, die Brust dagegen gefleckt oder gestreift? Hat der Vogel einen einfarbigen Kopf oder einen oder gar mehrere Streifen? Sind die Flügel einheitlich gefärbt oder haben sie Streifen und Binden, Flecken und Felder?

4. **Welche Form hat der Schnabel?**
   Ist der Schnabel lang oder kurz? Ist er gerade oder nach unten gebogen? Hat der Vogel einen feinen, pinzettenartigen Insektenfresserschnabel oder ein kurzen, derben Körnerfresserschnabel? Er kann aber auch ein Hakenschnabel zum Aufreißen von Beutetieren haben oder einen breiten Lamellenschnabel zum Seihen der Nahrung aus dem Wasser. Oder ist der Schnabel vielleicht dolchförmig oder hat überkreuzende Spitzen?

5. **Welche Form hat der Schwanz?**
   Ist der Schwanz lang oder kurz, ist er am Ende abgestutzt, gerundet, keilförmig, eingekerbt oder tief gegabelt?

6. **Welche Form haben die Flügel? Wie fliegt der Vogel? Wie ist der Flügelschlag?**
   Sind die Flügel lang gestreckt oder kurz und rundlich, an den Enden abgerundet oder spitz zulaufend? Sie können aber auch sichelförmig sein. Es gibt Vögel, die mehr oder weniger geradeaus fliegen. Andere fliegen wellenförmig, und wieder andere stehen bisweilen rüttelnd in der Luft. Kleine Vögel schlagen meist sehr schnell mit den Flügeln, größere Arten rudern eher bedächtig. Bei manchen Arten wechseln Schlag- und Gleitphasen einander ab.

7. **Wie ruft oder singt der Vogel? Wo ruft oder singt er?**
Zur Unterscheidung nahe verwandter Arten sind akustische Kennzeichen oft unumgänglich. Deshalb sollte man versuchen, die Rufe und Gesänge der Vögel zu beschreiben. Ist der Ruf weich oder hart, hat der Gesang einen Triller oder eine Kadenz? Ein Vogel kann im Gebüsch singen, aber auch exponiert auf einem Dachfirst oder von der Spitze eines Baumes aus.

8. **Wie verhält sich der Vogel?**
Hier geht es um Besonderheiten im Verhalten des Vogels. Sie sollten also einen Vogel nicht nur kurz beobachten und als gesehen abhaken, sondern längere Zeit hinschauen. Nur dann erkennen Sie die entsprechenden Verhaltensweisen, die ihn selbst, seinen Brutpartner, weitere Artgenossen oder andere Arten betreffen.

9. **Wann und wo wurde der Vogel beobachtet?**
Hier sind Tages- und Jahreszeit gemeint. Bei der Beobachtung seltener Arten sind natürlich Datum und Uhrzeit festzuhalten. Sie sollten sich auch merken, wo Sie den Vogel gesehen haben. In den meisten Fällen ist damit der Lebensraum gemeint (Gebüsch, Nadelwald, Parkteich o. Ä.). Bei seltenen Arten halten Sie wiederum eine genaue Ortsangabe fest.

Rufe, Gesänge und mehr

Die Vögel stehen dem Menschen sicher so nahe, weil sie aktive und teilweise schön gefärbte Tiere sind, aber auch, weil sie sich in vielfältiger Weise akustisch äußern. Oft verraten erst die Rufe und Gesänge die Vögel und vielfach sind Vogelstimmen sicher ein ästhetischer Genuss.

Es gibt Instrumentallaute und stimmliche Äußerungen. Zu den instrumentalen Äußerungen gehören etwa das Trommeln der Spechte, das Schnabelklappern der Störche oder das Flügelklatschen balzender Ringeltauber. Zu den stimmlichen Äußerungen gehören die vielfältigen Rufe und Gesänge.

All diese Lautäußerungen haben eine biologische Funktion. Rufe etwa haben spezielle Funktionen in der Kommunikation mit dem Brutpartner und den Jungen. Sie warnen Artgenossen oder sichern den Zusammenhalt im Trupp. Folglich können Sie Lockrufe, Warnrufe, Flugrufe usw. unterscheiden. Die Rufe sind jeweils arttypisch.

Die Gesänge – meist von den Männchen vorgetragen – dienen im Wesentlichen dazu, das zu Beginn der Brutperiode besetzte Revier zu markieren und ein Weibchen anzulocken. Vielfach fördern Gesänge auch den Zusammenhalt des Paares und die zeitliche Abstimmung der geschlechtlichen Aktivität. Sie sind ebenfalls arttypisch. Einzelnen Individuen singen aber nicht immer gleich, und bisweilen klingen die Gesänge einer Art regional unterschiedlich.

Rufe und Gesänge der Vögel haben also insgesamt die Funktion, auf akustischem Wege Informationen weiterzugeben. Deshalb hören Sie Vogelrufe auch fast das ganze Jahr über. Gesänge gibt es dagegen im Wesentlichen in der Brutzeit, auch wenn beispielsweise der Zaunkönig fast das ganze Jahr über singt. Der Waldkauz singt ebenfalls oft mitten im Winter. So ganz ohne Vogelgesang sind also nur wenige Monate im Jahr. Gesänge hören Sie – mit Ausnahme der Mittagsstunden und der Zeit um Mitternacht – auch fast den ganzen Tag über. Dennoch sind Maxima in der Morgen- und Abenddämmerung festzustellen.

Wie werden nun Vogelrufe und -gesänge beschreiben? Zunächst kann man versuchen, das Gehörte in schriftlicher Form wiederzugeben. So klingen die Rufe des Buchfinken wie „pink, pink“, was sich andere Menschen etwa vorstellen können. Man kann auch versuchen, die Stimmen in Notenschrift wiederzugeben. Die Übersetzung eines Vogelgesanges in Notenschrift ist aber nicht für jedermann nachvollziehbar, und diese Methode enthält – genau wie die Umsetzung der Gesänge in schriftliche

Form – sehr viele subjektive Momente. Dennoch lassen sich auf diese Weise Tonhöhen und Pausen gut darstellen. Da nicht jeder Vogelfreund musikalische Kenntnisse besitzt, wurde auch der Versuch gemacht, eine vereinfachte Notenschrift zu entwickeln, mit der man Vogelstimmen darstellen kann. Ein Durchbruch im wissenschaftlichen Sinn kam mit den Verfahren der elektromagnetischen Tonaufzeichnung und der elektronischen Analyse der Aufnahmen. Nach Speicherung der Stimme auf einem Magnetband, kann man sie durch einen sogenannten Sonagrafen schicken und visuell darstellen. Man spricht hier von Klangspektrogrammen oder – nach dem Gerät, das diese Umsetzungen ermöglicht – von Sonagrammen. Für den „normalen" Vogelfreund sind Sonagramme aber nicht ganz einfach zu „lesen".

VOGELSTIMMEN KENNEN LERNEN

Wie können Sie selbst Vogelstimmen kennen lernen? Diese Frage stellt sich für jeden Vogelfreund, denn es ist draußen beispielsweise ausgesprochen schwierig, Zilpzalp und Fitis (und die anderen Laubsänger) mit dem Fernglas auseinander zu halten. Anhand der Gesänge, ist die Bestimmung kein Problem. Ähnliches gilt für die optisch ebenfalls einander sehr ähnlichen Rohrsänger. Rufe und Gesänge sind eben artspezifische

Merkmale wie etwa ein typischer Überaugenstreif, und man kann sie wie äußerliche Kennzeichen nutzen.

Sie können nun versuchen, anhand von Büchern die eine oder andere Vogelstimme kennen zu lernen. Wollen Sie sich die Lautäußerungen der Vögel aber wirklich einprägen, sollten Sie sich diese von einem Vogelkenner an Ort und Stelle erklären lassen. Exkursionen, die an vielen Orten angeboten werden, bieten jedem Interessierten die Möglichkeit, sich mit den Rufen und Gesängen der jeweiligen im Gebiet vorkommenden Vogelarten vertraut zu machen.

Ein sinnvoller Mittelweg ist, sich anhand von CDs in das Gebiet der Vogelstimmenkunde einzuarbeiten. Mit deren Hilfe kann man sich die Stimmen in den eigenen vier Wänden immer wieder anhören und nach und nach einprägen. Sie können sie auch im Auto abhören und sich auf diese Weise lange Fahrten kurzweilig und lehrreich gestalten. Und Sie sollten daran denken, dass Sie mit einem handlichen MP3-Player in der Tasche eine gehörte Vogelstimme vor Ort mit einer Aufnahme vergleichen können.

Nützliche Adressen

Naturschutzbund Deutschland (NABU) e.V.
NABU-Bundesgeschäftsstelle
Charitéstraße 3, D-10117 Berlin
www.NABU.de

LBV – Landesbund für Vogelschutz in Bayern e.V.
Eisvogelweg 1, D-91161 Hilpoltstein
www.lbv.de

Bund für Umwelt und Naturschutz Deutschland e.V. (BUND)
Bundesgeschäftsstelle
Am Köllnischen Park 1, D-10179 Berlin
www.bund.net

BirdLife Österreich – Gesellschaft für Vogelkunde
Museumsplatz 1/10/8, A-1070 Wien, Österreich
www.birdlife.de

Schweizer Vogelschutz SVS/BirdLife Schweiz
Wiedingstraße 78, CH-8036 Zürich
www.birdlife.ch

Vivara Naturschutzprodukte
Postfach 2520, D-41312 Nettetal-Kaldenkirchen
www.vivara.de

Schwegler Vogel- und Naturschutzprodukte GmbH
Heinkelstraße 35, D-73614 Schorndorf
www.schwegler-natur.de

BirdLife International, Wellbrook Court
Girton Road, GB-Cambridge CB3 0NA
www.birdlife.org

Birdnet.de und birdnet-cms.de
Thomas Griesohn-Pflieger
Unionstraße 12a, D-45525 Hattingen
www.birdnet.de

Dachverband Deutscher Avifaunisten (DDA) e.V.
Geschäftsstelle
An den Speichern 4a, D-48157 Münster
www.dda-web.de

Deutsche Ornithologen-Gesellschaft e.V. (DO-G)
c/o Inst. für Vogelforschung, „Vogelwarte Helgoland“
An der Vogelwarte 21, D-26386 Wilhelmshaven
www.do-g.de

Zum Weiterlesen

Barthel, P. H. & P. Dougalis: Was fliegt denn da? Der Klassiker. Alle Vogelarten Europas. 200 Seiten, KOSMOS 2013.

Bergmann H-H. & W. Engländer: Die große Kosmos-Vogelstimmen-DVD. 220 Filme, mit Begleitbuch, KOSMOS 2012.

Dierschke, V.: Welcher Vogel ist das? Die neuen Kosmos-Naturführer. 256 Seiten, KOSMOS 2013.

Haag, H.: Vögel füttern im Winter. 64 Seiten, KOSMOS 2010.

Haag, H. & S. Walentowitz: Mein erstes Was fliegt denn da? Unsere wichtigsten Vögel kennen lernen. 64 Seiten, ab 8 Jahren, KOSMOS 2007.

Oftring, B. : NaturLust. Draußen mehr erleben. 144 Seiten, KOSMOS 2012.

Richarz, K.: Ein Heim für Gartenvögel. Vögel beobachten, Nistkästen und Futterhäuser bauen. 80 Seiten, KOSMOS 2009.

Schmid, U.: Welcher Gartenvogel ist das? 100 Arten beobachten und erkennen. Mit TING-Funktion, 192 Seiten, KOSMOS 2012.

Singer, D.: Was fliegt denn da? Der Fotoband. 346 Vogelarten Europas. 400 Seiten, KOSMOS 2011.

Singer, D.: Welcher Vogel ist das? Alle Vögel Europas. 432 Seiten, KOSMOS 2013.

Register

Impressum

Dieses Buch ist Bestandteil des Produktes „Unsere Singvögel und ihre Gesänge“.

Umschlaggestaltung von eStudioCalamar unter Verwendung zweier Aufnahmen: Blaumeise (Vorderseite) von Hans Fürst und Goldammer (Rückseite) von Robert Groß.

51 Farbfotos von Angermayer/Schmidt (S. 38), M. Danegger (S. 2/3, 34, 84, 98, 106, 108), J. Diedrich (S. 22, 60, 654, 92, 104), H. Fürst (S. 28, 76), G. Groß (S.14, 16, 50, 90), F. Hecker (S. 66, 94, 110), F. Leo (S. 4/5), A. Limbrunner (S. 82, 96, 100), M. Pforr (S. 12), R. Schmidt (S. 44, 54, 56, 62), J. Vogt (S. 68, 74, 88), P. Zeininger (S. 18, 20, 24, 26, 30, 32, 36, 40, 42, 46, 48, 52, 58, 70, 72, 78, 80, 86, 102)

Mit 50 Vogelstimmen auf der Audio-CD von Jean C. Roché.

Unser gesamtes lieferbares Programm und viele weitere Informationen zu unseren Büchern, Spielen, Experimentierkästen, DVDs, Autoren und Aktivitäten finden Sie unter **kosmos.de**

FSC® www.fsc.org
MIX
Papier aus verantwortungsvollen Quellen
FSC® C015829

3. aktualisierte Ausgabe

ISBN 3-440-13369-9
Projektleitung der Neuausgabe: Stefanie Tommes
Lektorat der ersten Ausgabe: Rainer Gerstle und Stefanie Tommes
Produktion: Markus Schärtlein und Julia Schmatelka
Printed in Italy / Imprimé en Italie